August Lesimple

Erinnerungen an
Richard Wagner

Lesimple, August

Erinnerungen an Richard Wagner

Reihe: *classic pages*

ISBN: 978-3-86741-576-7

Auflage: 1
Erscheinungsjahr: 2010
Erscheinungsort: Bremen, Deutschland

Europäischer Literaturverlag (www.europäischer-literaturverlag.de) ist ein Imprint der Europäischer Hochschulverlag GmbH & Co KG, Fahrenheitstr. 1, 28359 Bremen. Alle Rechte beim Verlag und bei den jeweiligen Lizenzgebern.

Bei diesem Titel handelt es sich um den Nachdruck eines historischen, lange vergriffenen Buches aus dem Verlag Heinrich Minden, Dresden & Leipzig (1884). Da elektronische Druckvorlagen für diesen Titel nicht existieren, musste auf alte Vorlagen zurückgegriffen werden. Hieraus zwangsläufig resultierende Qualitätsverluste bitten wir zu entschuldigen.

Erinnerungen an
Richard Wagner

Richard Wagner.

Erinnerungen

von

August Lesimple.

Dresden und Leipzig.
Verlag von Heinrich Minden.
1884.

Richard Wagner.

Richard Wagner.

Erinnerungen

von

August Lesimple.

Dresden und Leipzig.
Verlag von Heinrich Minden.
1884.

Der 13. Februar hat in der deutschen Kunstwelt wieder allgemein die Erinnerung wachgerufen an die Bestürzung, die sich vor einem Jahre mit der Kunde aus Venedig verbreitete, daß dort Richard Wagner aus diesem Leben geschieden sei. Viele, die

dem großen deutschen Meister nahe gestanden, haben sich gewiß nur mit dem Gefühle tiefster Trauer in die Gewißheit fügen können, daß nun auch dieses Herz, das so einzig und ganz an der Verherrlichung deutschen Wesens durch deutsche Kunst gehangen, zu schlagen aufgehört habe. Selten hat, selbst in unserm Deutschland, das Streben eines Mannes in solchem Maße unausgesetzt ein ganzes Menschenalter hindurch das Interesse der Zeitgenossen so zu fesseln gewußt; gewiß aber hat kein vorangegangener Meister mit solcher Entschlossenheit und Thatkraft wie Richard Wagner den vom Kunstideal vorgezeichneten Weg verfolgt, keiner durch sein Schaffen und Streben solche Kämpfe heraufbeschworen von seiten einer Mitwelt, die großentheils sein Wirken nicht be=

griff oder dasselbe mißdeutete. Ein freundliches Geschick hat es unserm Meister vergönnt, am Schlusse seines vielbewegten Lebens seine großen Pläne im Wesentlichen mit Erfolg gekrönt zu sehen, mit herrlichem Erfolge, der dem gewaltigen Streben entspricht und der deutschen Kunst nicht minder zu Nutz und Frommen als dem hingeschiedenen Künstler zum Ruhm gereicht. Wie sehr das Andenken an Richard Wagner die Gemüther auch jenseits der deutschen Grenze beschäftigt, ist deutlich in der Literatur, besonders in der Tagespresse und den periodischen Blättern aller europäischen Sprachen zu erkennen.

Eine Legion von Nachrufen erschien bald nach dem Tode Wagner's; dann wurden, hauptsächlich in den Musikzeitungen und Monats=Revuen, ganze Serien von Briefen, sowie vereinzelte Correspondenzen, die Wagner mit Künstlern und Freunden geführt hatte, veröffentlicht.

Eine Riesenaufgabe wird dem künftigen Biographen aus der Zusammenstellung und Sichtung dieses ungeheuern Materials erwachsen.

So viel nun aber auch über den äußeren Lebensgang des Meisters, über sein künstlerisches Schaffen, seine literarischen Werke und seine Reformtendenzen geschrieben worden ist, so ist zu bedauern, daß über die menschlichen Eigenschaften, die bei dem Characterbild eines Künstlers nothwendig in Betracht zu ziehen sind, bei Wagner so gar wenig bekannt geworden ist. Wohl ist, von Seiten

Uebelwollender, wiederholt die eine oder andere Eigenschaft im Character des Hingeschiedenen in ein verzerrendes Licht gestellt worden. Der Haupt-Beweggrund war dann fast immer, dem Gefallen, das ein gewisses Zeitungspublikum am Skandal findet, zu schmeicheln. Zudem war Wagner, der seinen Blick stets nur auf Verwirklichung seiner Kunstprincipien gerichtet hielt, wenig zugänglich. Bei der Art und Weise, mit der er lange Jahre hindurch Presse und Publikum sich mit seiner Person beschäftigen sah, hielt er sich der zudringlichen Neugier der Menge gegenüber in möglichster Abgeschlossenheit. Nur durch die Nothwendigkeit, im Hinblick auf das hohe Ziel, das er sich gesteckt, konnte er sich dazu entschließen, die zum Besten des

Bayreuther Fonds veranstalteten Concerte zu leiten. Hatte er es zuweilen übernommen, zur Erzielung von besserer Verwirklichung seiner künstlerischen Absichten mit Rath und That einzugreifen, wie z. B. in Wien durch Ueberwachung der Proben zu den Musteraufführungen "Tannhäuser" und "Lohengrin" und 1876 bei Einstudirung von "Tristan und Isolde" in Berlin, so trat dem Publikum gegenüber seine Person stets wieder in den Hintergrund. Bei den Aufführungen in Bayreuth geschah dasselbe, und mit welcher Energie und Consequenz hat er sich dort den Ovationen der Menge zu entziehen gesucht! So schroff ablehnend, um nicht zu sagen rücksichtslos sich Wagner im Allgemeinen verhielt, in

eben diesem Maße war er aufrichtig und
herzlich seinen Freunden zugethan. Nur im
persönlichen Verkehr mit diesen kam sein offe=
nes herzliches Wesen zum Ausdruck, nur hier
konnte er Mensch unter Menschen sein. Für
Jeden aus Wagner's Freundeskreise müssen
die bei ihm verlebten Stunden unvergeßlich
bleiben. Aus diesem Grunde könnte, meines
Erachtens, durch Mittheilungen, wenn auch
noch so bescheiden auftretende, von seiten sei=
ner Freunde ein schätzbares Material geliefert
werden, welches vielleicht den einstigen Bio=
graphen des verewigten Meisters in Stand
setzen kann, dessen privaten Character wie sein
häusliches Leben vorurtheilsfreier und rich=
tiger aufzufassen. Zu diesem Zwecke sind die

nachfolgenden Erinnerungen geschrieben, und ihr Verfasser würde reichen Lohn finden, wenn recht bald von anderer, mehr berufener Seite weitere Mittheilungen folgen würden.

Mein erstes Zusammentreffen mit Richard Wagner datirt aus dem August des Jahres 1854 und fand in Zürich statt. Mit einem Empfehlungsschreiben aus Weimar versehen, war ich versichert, Zutritt bei ihm zu erlangen. Seine Frau Minna empfing mich statt seiner und theilte mir auf meinen Morgenbesuch nach freundlicher Begrüßung mit, daß ihr Gatte während der Vormittagsstunden stets arbeite, Nachmittags werde ihm mein Besuch aber willkommen sein. Ich bewahre von der ersten Frau Wagner's den Eindruck eines wohlwollenden, einnehmenden Wesens. Den Zügen konnte man die gerühmte Schönheit nicht mehr ablesen; Leid und Kummer hatten diesem Gesicht ihren Stempel aufgedrückt. Die Zeit verging mir sehr langsam, bis die Stunde kam, in der ich den hochbedeutenden Mann kennen lernen sollte. Als ich mich Nachmittags bei ihm anmeldete, wurde ich in sein Arbeitszimmer geführt. Die Wohnung war geschmackvoll, doch nicht luxuriös eingerichtet, alle Zimmer durch schwere Vorhänge verbunden.

Richard Wagner, dem der Brief aus Weimar wohl angenehme Erinnerungen geweckt haben mochte, erschien bald und hieß mich freundlichst willkommen. Auf's Passendste glaubte ich mich dadurch bei ihm einzuführen, daß ich ihm von der erfolgreichen Aufführung seines „Tannhäuser" in Köln erzählte. Er schien aber große Zweifel in meine optimistischen Mittheilungen zu setzen, glaubte an keinen rechten Eindruck seines Werkes auf das Publikum und schrieb den Beifall dem, wie er meinte, wahrscheinlich sehr tüchtigen Tenoristen zu. Ich verhehlte ihm nicht, wie in Köln, — was er auch schon wußte, — eine scharfe Opposition in den leitenden musikalischen Kreisen sich geltend mache, die das Publikum nicht zur Besinnung kommen lasse. Die Namen waren ihm wohlbekannt. Wagner erging sich dann weitläufig über die Mangelhaftigkeit der Opernaufführungen, und wie nur selten ein Werk den Intentionen seines Schöpfers gemäß wiedergegeben würde. In Dresden, als Kapellmeister, habe er einen steten Kampf führen müssen. Es sei ihm indes gelungen, nach Schwierigkeiten aller Art, von Gluck's „Iphigenie in Aulis" eine Mustervorstellung zu Stande zu bringen und die Wirkung sei eine herrliche und nachhaltige gewesen. Mit Bezug auf die Skizzen zu „Siegfried", die auf dem Klaviere vor uns lagen, erzählte mir dann Wagner von seinen Plänen für die Zukunft, wie er dahin strebe, die „Nibelungen" im Laufe von einigen Jahren fertig zu stellen und dann in einer, abseits vom großen Ge-

triebe gelegenen Stadt Süddeutschlands zur
Aufführung zu bringen, und zwar nur vor
einem Kreise Geladener, von denen er wisse,
daß sie sein Werk mit Liebe und Hingebung
erfassen würden. Einmal wäre ihm genug,
denn er wolle nur zeigen, was ihm im
Geiste als nationales Kunstwerk vorgeschwebt.
„Mögen meinetwegen," fügte er scherzend bei,
„Haus und Werk zu Grunde gehen, meinen
Zweck, die Aufgabe meines Lebens, habe ich
dann erreicht." Mit Rührung sagte er mir,
daß er alles, was er erreicht, seinem Freunde
Franz Liszt zu verdanken habe. Ohne ihn
wäre er wohl ganz verschollen. — Aus dieser
denkwürdigen Unterredung schied ich voller
Begeisterung für den Mann, welcher der deut=
schen Kunst so schöne Ziele zu bereiten suchte.

Die Mittheilung machte ich noch, daß wir in Köln demnächst dem „Lohengrin" entgegensähen, worüber ich ihm berichten würde. Mit herzlichem Händedruck nahm er Abschied von mir. Ich fühlte mich auf's mächtigste von ihm angezogen und blieb fortan sein treuer Kämpe. Meine nächste Aufgabe war, in meiner Heimath für seine Ideen energisch zu wirken. Jahre vergingen, bis ich mit Wagner wieder zusammentraf, erst zur Zeit, als der erste Wagner-Verein sich in Mannheim bildete. Von dort ermuntert, gründete ich, unterstützt durch warme Verehrer und gleichfühlende Freunde, einen solchen in Köln. Als die „Meistersinger" in Köln zur ersten Aufführung kamen, zeigte sich trotz der böswilligen Haltung eines Theiles der Presse schon die

Frucht unseres Wirkens. Nicht nur war der musikalische Erfolg ein herrlicher, die Oper füllte auch an 17 Abenden das Haus und zog Fremde aus Nah und Fern an. Im Frühjahr 1873 erhielt ich einen Brief von Wagner aus Bayreuth, worin er mir seine Absicht, nach Köln zu kommen, anzeigte. Ich beeilte mich sofort, ihm meine große Freude darüber auszudrücken. Ende April traf Wagner bei uns ein. Ich sammelte die Getreuen, erließ viele Einladungen, und so gab es eine ansehnliche Versammlung, vor der Wagner einen zündenden Vortrag hielt. Die Wirkung übertraf selbst hochgespannte Erwartungen. Man erkannte nun erst klar, auf welche Ziele sein ernstliches Streben gerichtet war. Ein festliches Abendessen, bei welchem Wagner sehr gefeiert wurde, versetzte in die richtige Stimmung. Eines Vorfalles gedenke ich dabei. Ein tüchtiges Orchester war versammelt, das unter anderen Musikstücken auch die „Freischütz-Ouverture" spielte. Wagner gerieth während des Spielens in immer unruhigere Stimmung. Plötzlich sprang er auf, trat zum Kapellmeister und bat um den Taktierstock. Es möge ihm vergönnt sein, die Ouverture einmal in Weber'schem Geiste vorzuführen, denn er habe sie noch unter dem unvergeßlichen Meister gehört und dessen Intentionen in sich aufgenommen. Freudig trat der Kapellmeister zurück, Wagner hielt eine kurze Anrede an die Orchester-Mitglieder über die falsche Tradition, die sich in der Auffassung einzelner Passagen dieser herrlichen Ouverture festgesetzt habe. In Wagner's Geiste wiederholt, zeigte sich die Ouverture erst in ihrer höchsten Schönheit und ihrem vollen Glanze. Augenscheinlich hatte sich Wagner sofort mit dem Orchester in geistigen Rapport gesetzt.

Im Hotel Disch, wo diese unvergeßliche Abendversammlung stattfand, gab es manche ergötzliche Scene. Die Directorin einer rheinischen Bühne, welche die „Meistersinger" mit gutem Erfolge zur Aufführung gebracht hatte, bat mich, sie Wagner gelegentlich vorzustellen. Den nächsten Abend gedachten wir in gemüthlichem Zusammensein im Hotel zu verbringen, und so bat ich die Dame, der Kürze halber dorthin zu kommen. Wagner hatte soeben mit seiner Freundin Betty Schott in Geschäftsangelegenheiten verhandelt und war, wenn nicht in üble Laune, so doch in eine gewisse Aufregung gerathen, als die Directorin mit ihrem Kapellmeister hinzutrat. Ich suchte Wagner für sie günstig zu stimmen, indem ich ihm von dem großen Eifer berichtete, den die Directorin und ihr Kapellmeister auf die Aufführung verwandt hätten. Er war jedoch nicht besonders aufmerksam, bis die Dame ihn fragte, ob er nicht noch so eine „komische" Oper wie die „Meistersinger" habe. Das war das erlösende Wort. Wagner hatte sofort seinen Humor wiedergewonnen und entgegnete rasch: „O ja, Madame, eine prächtige „komische Oper": „Christian oder Wiesollsie"; die müssen Sie geben! Damit können Sie schöne, glänzende Geschäfte machen!" Ich konnte mich des Lachens kaum

erwehren bei diesen Worten, die Wagner mit
verblüffender Ernsthaftigkeit sprach. Der arme
Kapellmeister kam dabei schlecht weg. Nur
nach wiederholtem freundschaftlichem Winken
meinerseits gelang es mir, Wagner einige dem
Kapellmeister wohlwollende Worte zu ent=
locken. So kamen wir allmählich wieder Alle
in gute Stimmung. —

Während Wagner's Anwesenheit in Köln
fand im Theater die Aufführung der „Zauber=
flöte" statt. An diesem Werke hing Wagner,
wie Vielen bekannt, mit schwärmerischer Ver=
ehrung und so ließ er sich leicht überreden,
der Aufführung beizuwohnen. Die Herrlich=
keit war aber bald zu Ende. Nach dem ersten
Akte verließ er ungestüm das Theater und
ließ sich unterwegs voll Aerger dahin aus:

„Ein solcher miserabler Kerl von Kapellmeister ist mir in meinem ganzen Leben noch nicht vorgekommen." Eine strenge Censur hat er ihm nachträglich in seinen Schriften ertheilt.

Wagner war überhaupt auf die Kapell=meister schlecht zu sprechen. Die Art, wie sie die Opern herunterdirigirten und gänzlich darüber den Organismus des Kunstwerkes vergäßen, war ihm ein Greuel. „Auf der Dresdner Brücke," erzählte er mir einmal, „begegnete mir eines Abends neun Uhr Reißiger. Verwundert sage ich zu ihm: Aber, lieber Collège, haben Sie denn heute nicht Oper? „Oper gehabt" erwiderte er, „Stumme" schon zu Ende! Nicht wahr, ein rechtes Kapellmeisterkunststück!" Solcher und ähnlicher Geschichten, worin er die Thätigkeit mancher Kapellmeister charakterisirte, konnte er die Fülle zum Besten geben. —

Es wurde nun angeregt, im April des folgenden Jahres ein großes Konzert unter Wagner's Leitung zu veranstalten. Der Ertrag sollte für den Bayreuther Fonds sein. Wagner sagte seinerseits zu und legte die sämmtlichen Vorarbeiten in meine Hand. Bei der damals großen Theilnahmlosigkeit seitens der musikalischen Kreise war es eine nicht leichte Aufgabe, und viele und unerwartete Schwierigkeiten gab es zu überwinden. Ein lebhafter Briefwechsel entspann sich nun bis zum Tage des Konzertes, um alles in's Reine zu bringen, besonders in Bezug auf Feststellung des Programms. Das letztere enthielt außer Beethoven's „Eroica" ausschließ=

lich Compositionen Wagner's. Das Konzert, dem die weitesten Kreise des Rheinlandes mit großer Spannung entgegensahen, fand gegen Ende April 1873 statt. Mit Richard Wagner und seiner Frau Cosima trafen zugleich hohe Gäste ein, darunter einflußreiche Gönner Wagner's vom Berliner Hofe. Ein prächtiges Orchester war zusammen gebracht, welches den Meister in hohem Grade befriedigte. Wagner hatte mir mitgetheilt, er wolle möglichst ungesehen beim Kommen zur Probe an seinem Pulte erscheinen, und wählte deshalb den Weg von oben durch das Orchester. Die Musiker, als sie ihn plötzlich am Pulte erscheinen sahen, stimmten mit allen Instrumenten einen Bewillkommnungsgruß an. Es war ein merkwürdiges Durcheinander. Wag=

ner, der mit beiden Händen in der Luft herumfuchtelte, und sich Stille ausbat, glaubte im ersten Augenblick, man bringe ihm eine Katzenmusik. Der jubelnde Zuruf des Orchesters überzeugte ihn aber bald, wie es gemeint war, und nun dankte er warm und wiederholt. Der Zwischenfall war eine drollige Scene. — Die Proben verliefen zur größten Zufriedenheit. Glänzend über alle Erwartung war der Erfolg des Konzertes selbst, welches eine Begeisterung hervorrief, wie solche selten im Gürzenich erlebt worden ist.

Am folgenden Morgen gab es wieder eine komische Scene. Als ich im Laufe des Vormittags Wagner besuchte, erzählte er mir unter fortwährendem Lachen folgende Episode: Es war am frühen Morgen im Gasthofe von einer

Militärkapelle ein Ständchen gebracht worden; da habe er sich nur denken können, dasselbe gelte ihm und er sei deshalb hinuntergegangen, dem Kapellmeister seinen Dank abzustatten; zu seinem Erstaunen habe er jedoch erfahren müssen, die Morgenmusik sei einem im selbigen Gasthofe logirenden General gebracht worden. — Der Vorfall wurde dem General gleich bekannt, der den Kapellmeister sofort kommen ließ und herunterputzte, wie er so taktlos sein könne. Auf der Stelle solle er eine neue Morgenmusik dem Meister bringen. Die ganze Geschichte belustigte Wagner ungemein. —

Manche Stunde verlief unter heiterem Gespräche und Mittheilungen aus seinem Leben in kleinem Kreise. Beim Abschiede küßte er mich auf's Herzlichste und lud mich zu sich nach Bayreuth ein. Noch auf der Reise sandte er mir folgende Zeilen, als Zeichen, welche frohen Eindrücke er empfangen:

Mein werther Freund!

Seien Sie nach dem Abschiede noch herz= lichst von mir und meiner lieben Frau ge= grüßt, sowie für Ihre ungemeine Freundschaft= lichkeit und Ihren liebenswürdigen Eifer für uns bedankt!

Halten Sie mich für Ihren ergebenen dank= baren Freund! Grüßen Sie unsere werthen Genossen, vor allem Herrn Ahn, den vortreff= lichen, Ernsten, nicht minder freundschaftlich von uns, und bleiben Sie der wahren Hoch=

achtung versichert, mit welcher Ihrer stets gedenken wird

Ihr

sehr verbundener

Richard Wagner.

Als ich bei meinem ersten Eintreffen ihn dort Abends noch besuchte, nachdem ich mich glücklich durch seine großen Hunde hindurchgerettet, der Diener dann meinen Namen beim Melden ganz entstellte, er mich aber sofort erkannte, hockte er plötzlich mit dem ganzen Körper auf der Erde, schnellte dann wie der Blitz empor und eilte mir entgegen. Es war der Ausdruck echter Freude.

Wie gerne gedenke ich der Eindrücke, die

ich in Wagner's Familie von der zärtlichen und liebevollen Weise erhielt, die alle mit einander verband. Die über alles sorgsame Gattin, die so sehr an ihm hängenden Kinder, seine Freude an denselben, alle diese Bilder haben sich mir tief eingeprägt. Wagner war es ein Bedürfniß, verehrt und geliebt zu werden, und zu Hause bei ihm konnte man sehen, wie sehr man ihn darin verstand. Ich habe hier gelernt, wie gut Wagner sein konnte. Er war aber nicht nur den Seinigen so zugethan, wahrhaft gut war er Jedem, an den er glaubte. Wer Wagner einmal in die Augen gesehen, vergißt nie mehr den tiefen, unergründlichen Blick, der aus denselben strahlte. Es war etwas Wunderbares um diese Augen. So hielt er auch viel auf den Blick der Men=

schen, und ich erinnere mich sehr gut, wie er mir darlegte, daß er aus dem Blick den ganzen Menschen erkenne und ergründe. Dazu gehörte freilich se i n Blick.

Wer Wagner richtig verstehen will, darf nie aus dem Auge verlieren, daß alle seine Auslassungen und Handlungen immer nur von einem Gedanken geleitet wur=
ben, und zwar von dem Gedanken an sein Kunstwerk, dem er ja Alles opferte. Vieles

aus dem Leben des merkwürdigen Mannes wäre ja sonst nicht zu verstehen oder zu erklären. Eines Zuges mag hier erwähnt werden, um zu zeigen, wie er immer nur Bayreuth im Auge hatte. Eines Tages, in lustiger Gesellschaft bei Angermann, forderte er den Wirth der „Sonne", Herrn Renner, auf, in Bayreuth ein großes Hôtel wie der „Schweizerhof" in Luzern zu gründen. Renner meinte, das würde ja Hunderttausende kosten, und für einen bis zwei lucrative Monate im Jahre wäre das Unternehmen doch zu gewagt. Wenn der Meister sich aber entschließen wolle, die Aufführungen auf die ganze Dauer des Jahres auszudehnen, so wolle er es schon riskiren. Wagner mußte selbst lachen und meinte, Renner wäre doch ein kluger Kerl.

Im Umgang mit Wagner konnte man sehr leicht erfahren, wie rasch der Wechsel von Gunst und Ungunst bei ihm stattfand. Als Beispiele mögen nur die Intendanten von Hülsen und Jauner genannt werden, die sich zeitweise seiner höchsten Gewogenheit erfreuten, sobald jedoch ihre Interessen mit den Principien Wagner's collidirten, seinerseits scharfe, sarkastische Beurtheilungen zu erfahren hatten.

Manche interessante, geistreiche und witzige Aeußerung, die er über lebende Künstler gemacht, könnte hier noch erzählt werden, wenn nicht gewisse Rücksichten Schweigen auferlegten. Eines Beispieles erwähne ich nur, wie scharf sein Spott sein konnte. Im Laufe eines Gespräches über neueste Producte der deutschen Componisten erzählte ich ihm, daß ein bekannter Musiker den „Prometheus" componirt habe; schlagfertig erwiderte Wagner darauf: „Um Gotteswillen, es wird doch ein gefesselter sein! —"

Ein fernerer Besuch meinerseits fand statt im Mai 1876. Wagner hatte eine Anzahl Genossen nach Bayreuth beschieden, um über die Nibelungen-Aufführungen zu berathen. Wir hielten Versammlungen ab, in denen alles auf's Beste geordnet wurde. Zum Schluß sollten wir das Theater in allen seinen Räumen sehen. Wagner sagte uns indessen, er habe ein Gelübde gethan, nicht eher das Theater zu betreten, bis alles fertig sei; des Aergers und der Aufregungen habe er genug. Es sollte aber anders kommen. Auf dem Wege zum Theater begriffen, sahen wir von

Weitem Wagner auf einer Spazierfahrt sich immer mehr dem Theater nähern. Als wir den inneren Raum betraten, hörten wir ihn fürchterlich toben, und schon tönte uns seine Stimme entgegen: „Herrgott, nun habe ich mein Gelübde doch vergessen!" Aber dann war's gut. Die heitere Stimmung kehrte zurück, als wir alle in Wagner's Lieblingskneipe bei „Angermann" saßen und der Meister wieder nicht müde wurde, uns die köstlichsten Geschichten aus seinem Leben zu erzählen. Das Schenkmädchen, schlank und hochgewachsen, war von Wagner „Brünhilde" getauft worden. Ich entdeckte im Keller ein zwergartiges Geschöpf, das ich als „Mime" mit einem Fäßchen in die Thüre hineinschob, was dann ein tolles Gelächter gab. Die Abendstunden verbrachten wir in Wagner's gastlichem Hause, wo uns auch manche musikalische Genüsse zu theil wurden, namentlich durch Rubinstein die erste Bekanntschaft mit der Musik des letzten Theiles des Nibelungen-Ringes. Wagner konnte der liebenswürdigste Wirth sein, der zu finden war, oft hinter dem Buffet stehend und allen verabreichend. Dasselbe wiederholte sich auch in den Nibelungentagen und wird allen in lebhafter Erinnerung geblieben sein. An einem solchen Abende war ich Zeuge einer schönen Regung von Wagner. Franz Liszt, der anwesend war, las in Aller Blicken die stumme Bitte, zu spielen. Als er aber gar keine Miene machte, öffnete Wagner den Flügel und spielte eine Melodie aus der

„Zauberflöte". Liszt sah er dann fragend an und sprach die Worte: „Die Musen sind erwacht!" Es half aber auch ihm nichts. Liszt spielt nie aufgefordert.

Im Herbste 1877 kamen auf Einladung die Delegirten der Wagner=Vereine in Bayreuth zusammen, um Wagner's Ideen über die Fortführung der Festspiele zu vernehmen. Auf der Bühne des Theaters fand die Versammlung statt, inmitten der Decora=

tionen, Kostüme und Requisiten des Nibelungenringes. Wagner, der kurz vorher noch zu den drolligsten Scherzen aufgelegt war, nahm in der Versammlung einen sehr ernsten Ton an, so ernst, wie ich ihn selten an ihm wahrgenommen habe.

Er führte bittere Beschwerde insbesondere über einen großen Theil der deutschen Presse, die sein Werk und dessen Aufführungen in unwürdiger Weise bekrittelt und bespöttelt habe und dahin arbeite, das deutsche Volk in schlimmen Vorurtheilen über sein Wirken und Streben zu erhalten und auf diese Weise seinem Kunstwerk zu entfremden. Wenig Zutrauen habe er aber auch zu dem großen Theaterpublikum, das nur aus Neugierde und Unterhaltungssucht sich in Bayreuth einfinde, am liebsten möchte er dieses gänzlich fern halten. Und doch trotz aller Bitterkeit und aller Beschwerden erfreute er uns durch die Aussicht auf seinen „Parsifal", ein Werk, das ihn schon seit Jahren lebhaft beschäftigte. Auf dem Heimwege, als sich Mancher schon zum Abschiede anschickte, rief er uns zu: „Wer heute Nachmittag hier bleibt, bekommt den Parsifal vorgelesen." Natürlich traten nun die Reisegedanken bei Allen in den Hintergrund. Die Freude und Erwartung war über die Maaßen groß, und wir waren früh genug in seinem großen Arbeitszimmer versammelt, wo uns die Vorlesung zu Theil werden sollte. Wagner's feste und markige Stimme, der aber auch die weichen Accente nie versagten, brachte die Dichtung zu hoher Geltung, namentlich die ergreifenden Scenen, bei deren Vorlesen er sich vom leidenschaftlichsten Tone überwältigen ließ. Daß die Vorlesung einen tiefen Eindruck bei allen Zuhörern hinterließ, braucht wohl nicht hervorgehoben zu werden, bei einer Dichtung und einem Vorleser, der mit seiner Schöpfung auf's Engste verwachsen war. Nach Beendigung der Vorlesung beglückwünschten wir Wagner und dankten ihm herzlich für den schönen und unvergeßlichen Genuß. Seine eigene Rührung entging uns nicht, er faßte sich aber rasch und rief munter aus: „Ja, wenn er nur erst componirt wäre!" Und er wurde bald nachher componirt, an den Gestaden des herrlichen Meeres, im Anblick und unter dem Zauber der wunderbarsten Naturschönheiten, auf dem Stückchen Erde, das nach Dichters Ausspruch vom Himmel gefallen ist. In mehr als einer Scene des Bühnenfestspieles, besonders der „Blumenaue" des dritten Aktes, scheinen die Eindrücke nachzuklingen, die Wagner dort in sich aufgenommen.

An die Fertigstellung der Partitur des „Parsifal" schlossen sich unmittelbar die Vorbereitungen zu den Aufführungen an. Im Hochsommer erlebte Wagner nochmals das Schauspiel, daß sich Tausende in Bayreuth zusammenfanden, um sein neues Werk kennen zu lernen. Der herrliche Erfolg, der die Aufführungen des „Parsifal" begleitete, sollte die letzte große Freude Richard Wagner's sein: seine Gesundheit war den übergroßen Anstrengungen nicht gewachsen. Schon im Herbste

1881 hatte Wagner, um Heilung seines Leidens zu suchen, einen Aufenthalt in Süditalien genommen. Aus den Briefen, die ich damals aus Neapel und Palermo erhielt, ergiebt sich, mit welcher Willenskraft er gegen seine Krankheit ankämpfte. Fast in jeder Mittheilung giebt er der Hoffnung rührenden Ausdruck, in dem milden Klima, unter dem gesegneten Himmel Italiens wieder zu gesunden. Im Frühjahr 1882 riefen ihn die Vorbereitungen für sein Werk nach Deutschland zurück. Sein Leiden, das nur unvollkommen geheilt war, trat im Herbst mit Besorgniß erregenden Symptomen auf; dem Drängen der Familie und der Aerzte nachgebend, suchte er Venedig auf. Von jetzt an kämpfte er mehr als je vorher mit aller Gewalt gegen schwere Leiden, immer mehr griffen Todesgedanken bei ihm Platz. Endlich brach die Riesennatur zusammen. —

Das einmal erkämpfte Glück ist ihm aber bis zu seinem Ende treu geblieben. —